반듯반듯
마음에 새기는

1. 나

작가의 말

　몇 년 전 사진을 보면 여러분이 얼마나 컸는지 알 수 있습니다. 몸이 큰 것은 물론 아는 것도 많아지고 마음도 단단해졌지요. 이 모든 것은 주변의 따뜻한 보살핌과 가르침 덕분입니다.

　하지만 그것만으로 지금의 여러분이 된 것은 아니랍니다. 그렇다면 예전과는 비교할 수 없을 만큼 넓고 깊어진 생각은 어디에서 왔을까요? 조금만 힘들어도 쉽게 포기하던 약한 마음은 언제부터 굳건한 끈기로 바뀌었을까요? 나밖에 몰랐던 욕심쟁이는 어떻게 배려하는 사람이 됐을까요?

　바로 여러분 스스로 고민하며 깨달아 왔기 때문입니다. 그리고 그 과정에서 책은 아주 중요한 역할을 합니다. 글자를 익힌 후, 우리는 '읽기'를 통해 전보다 훨씬 많은 것을 배우고 '쓰기'를 통해 생각을 키워 갑니다. '읽는 만큼 자라고 쓰는 대로 되는' 거죠.

　그런데 요즘 많은 어린이들이 이런 질문을 합니다.

"인공지능이 글도 써 주는데, 꼭 책을 읽어야 하나요?"
"글쓰기를 힘들게 배울 필요가 있나요? 공부할 필요가 있나요?"

　인공지능의 발달로 세상은 확실히 더 편리해졌습니다. 예를 들어 검색하거나 메시지를 보낼 때 한두 글자만 입력해도 인공지능이 적절한 단어와 표현을 알아서 제시해 주지요. 누르기만 하면 되니 참 편합니다. 마치 인공지능이 우리 머릿속에 들어와 있는 듯해요. 심지어 긴 글도 잘 씁니다. 우리가 며칠씩 고민해서 겨우 완성하는 글을 인공지능은 단 몇 초 만에 뚝딱 쓰니까요.

혼자 쓸 때 나는…	분야	인공지능과 함께할 때 나는…
'무슨 말로 시작하지?' '이렇게 쓰면 될까?'	편지	"미안한 마음을 담아서 사과 편지를 써 줘."
'자료는 어디서 찾지?' '무슨 내용을 담아야 하지?'	설명문	"조선 시대의 신분제를 1000자로 정리해 줘."
'바른 말을 왜 써야 할까?' '안 쓰면 어떻게 될까?'	주장문	"바른 말을 써야 한다는 주제로 5문단 주장문 써 줘."

이처럼 인공지능에게 모든 걸 맡긴다면 어떻게 될까요? 여러분이 직접 읽지 않고 스스로 써 보지 않았다면, 다시 말해 고민도 생각도 하지 않았다면 지금처럼 성장할 수 있었을까요? 그렇지 않습니다.

읽기와 쓰기는 아무리 인공지능이 발전해도 결코 대신할 수 없는 일입니다. 어렵고 귀찮게 느껴질 때도 있지만 스스로 생각해서 읽고 쓰는 일을 결코 멈춰서는 안 됩니다. 그것이 바로 우리를 키우는 힘이기 때문입니다.

저는 "읽는 만큼 크고 쓰는 대로 된다"라는 신념으로, 여러분의 내면을 더 깊고 야무지게 만들어 줄 32편의 글을 이 책에 담았습니다. 한 글자 한 글자 또박또박 정성을 담아 읽고 써 보았으면 좋겠습니다. 그렇게 쌓인 시간만큼, 여러분은 더 크고 단단한 사람으로 자라날 겁니다.

글선생 **권 귀 헌**

 ## 이 책의 특징과 활용법

스스로 처음부터 끝까지 글 한 편을 따라 써 본 경험이 있나요? 《하루 한 장 가치 필사》 시리즈로 온전한 한 편의 글을 읽고, 생각하고, 써서 완성하는 경험을 해 보세요.

 하루 한 장, 200자 쓰기

글 한 편당 분량은 약 200자입니다. 원고지에 빽빽하게 채우는 방식이 아니라, 문단을 나누어 여백 있게 배치해 쓰는 즐거움을 느낄 수 있지요. 하루에 한 편씩 쓰면 부담 없이 꾸준히 실천할 수 있고, 일주일에 2~3번만 해도 충분히 의미 있는 기록이 됩니다.

 '읽기-쓰기-생각하기' 3단계 구성

먼저, 눈으로 글을 읽어 보세요. 입으로 소리 내어 읽어 보면 더욱 좋아요. 그리고 나서 손으로 한 자 한 자 따라 쓰면서 글 속에 담긴 내용에 내 생각을 더해 정리해 보세요. 글의 마지막에는 짧은 질문이 있어 자연스럽게 나를 들여다보고 내 생각을 표현해 볼 수 있어요.

 도덕 교과 핵심 가치 수록

《하루 한 장 가치 필사》 시리즈는 총 4권으로, 초등 도덕 교과의 4대 영역을 토대로 구성했습니다. 어린이들이 익혀야 할 삶의 소중한 가치들을 주제별로 만날 수 있지요. 수업 연계 활동이나 인성 교육 자료로 활용하기도 좋습니다.

권	제목	핵심 목표	해당 가치
1	나	혼자서도 바로 서기	자존감, 끈기, 도전, 자기 이해 등
2	우리	건강하게 관계 맺기	이해, 존중, 공감, 소통 등
3	세상	공정하고 정의로운 사회 만들기	정의, 질서, 공정, 양보, 준법 등
4	자연	지속 가능한 공존 추구하기	생명 존중, 환경 등

글에 담겨 있는 가치를 만나요. 글 쓴 날짜를 써요.

실제 원고지 한 칸(1cm×1cm)보다 약간 큰 크기(1.2cm×1.2cm)로, 원고지 쓰기를 연습하기에 적합해요. 연한 글씨 위에 내 글씨를 겹쳐 한 자씩 따라 써 보세요.

글 내용과 관련해 더 생각해 볼 만한 질문이에요. 내 생각을 정리해서 짧은 글짓기를 해 보세요.

차례

작가의 말 … 2
이 책의 특징과 활용법 … 4

1 자존감
빛나는 샛별 … 8

2 감수성
학교 가는 길 … 10

3 긍정
나는 나의 팬 … 12

4 극기
아픈 만큼 자라요 … 14

5 끈기
잘되고 있는 중입니다 … 16

6 도전
뒤집어 보지 않은 돌 … 18

7 배움
연필이 좋아요 … 20

8 성실
뿌린 대로 거둔다 … 22

9 열정
꿈꾸는 사람은 아름답다 … 24

10 자기 이해
시인과 어부 … 26

11 절제
주객전도 … 28

12 행복
마음 편한 게 최고 … 30

13 자존감
나에게 거는 마법 주문 … 32

14 감수성
오늘이라는 선물 … 34

15 긍정
나는 잘할 수 있다 … 36

16 극기
비바람과 망치질 … 38

17 끈기
결국 꽃을 피운다 … 40

18 도전
두려워도 도전하기 … 42

19 배움
종이에 꾹꾹 … 44

20 성실
시간은 모래 … 46

21 열정
온도를 유지하려면 … 48

22 자기 이해
어제보다 더 낫다면 … 50

23 절제
필요한 만큼만 알맞게 … 52

24 행복
기다림은 사랑 … 54

25 자존감
빛과 그림자 … 56

26 감수성
평온한 오후 … 58

27 극기
공부를 대하는 마음 … 60

28 도전
자신감의 크기 … 62

29 성실
세상에서 가장 소중한 것 … 64

30 자기 이해
내 마음 돌보기 … 66

31 절제
이부자리를 정리해요 … 68

32 행복
나는 행복한 아이 … 70

마음에 담는 가치 사전 … 72

자존감 1

빛나는 샛별

밤하늘의 별을 본 적 있나요? 끝도 없이 촘촘하게 떠 있는 별을 보고 있으면 마음 한구석이 편안해지지요.

하지만 불빛이 환한 밤이거나 바쁜 하루를 보내고 맞이한 밤에는 별을 보기가 어려워요. 그때는 이렇게 해보세요.

☐월 ☐일

엄마의 얼굴을 두 손으로 잡고, 엄마 눈 속에서 영롱하게 빛나는 별을 찾는 거예요. 그 속에는 세상 어느 별보다 반짝이는 샛별이 들어 있답니다.

생각해 봐요
우리 가족 중 '별처럼 반짝이는 사람'을 한 명 골라서 소개해 봐요.

감수성 2

학교 가는 길

오늘도 졸린 눈을 비비며 겨우 일어나 가방을 메고 학교에 갑니다.

학교에 가면 웃으며 반겨 주는 친구들과 다정한 선생님이 계시고, 집에 돌아오면 따뜻하게 맞아 주는 가족이 있으니 학교 가는 길은 설레지요.

☐ 월 ☐ 일

비 오는 날엔 빗소
리를 듣고, 맑은 날엔
빛나는 해님을 보고,
바람 부는 날에는 온
몸으로 바람과 시원한
인사를 나눌 수 있는
학교 가는 길. 언제나
즐거워요.

생각해 봐요
학교 가는 길에서 벌어진 '아주 작은 모험'이 있다면 무엇인가요?

긍정 3

나는 나의 팬

마음이 무거운 날에는 거울 앞에서 보세요. 거울 속에 슬픈 눈빛의 친구가 보일 거예요.

혼자 끙끙 앓고 있는 그 아이에게 "조금만 참자. 곧 괜찮아질 거야!"라고 웃으며 응원해 주세요.

☐ 월 ☐ 일

누가 알아주지 않아도 괜찮아요. 나를 믿고, 나를 응원해 주는 무조건적인 내 편이 있다면 힘든 일도 얼마든지 이겨낼 수 있어요. 나의 가장 열렬한 팬은 바로 나 자신이랍니다.

생각해 봐요
내 마음을 북돋아 주는 나만의 비밀 응원법을 소개해 봐요.

극기 4

아픈 만큼 자라요

간절히 소망하고 열심히 했는데도 안 될 때가 있어요. 아무리 말해도 내 마음을 몰라 주는 사람도 있고요. 의도하지 않았는데 어처구니없는 실수를 반복하기도 해요.

생각해 봐요
'성장통'을 겪는 나에게 어떤 선물을 주고 싶은지 상상해서 써 봐요.

월 일

하지만 그럴 때 너무 속상해하지 마세요. 내가 못하는 게 아니라, 더 단단해지는 중이니까요.

이런 아픔을 사람들은 '성장통'이라고 불러요. 조금 아프고 속상해도, 그만큼 나는 자라고 있는 거랍니다.

끝기 5 ✏️ 잘되고 있는 중입니다

쉽게 얻은 것은 손에서 금방 미끄러져요. 그러나 오랜 시간 공들인 것은 가슴에 깊이 새겨져 사라지지 않아요.

많은 사람들이 성공을 위해 힘을 쏟지만 시간이 오래 걸리면 조바심을 내지요. 성공하지 못할까 봐 불안하니까요.

☐월 ☐일

하지만 쉽게 이루기 어려운 일일수록 특별한 거예요. 지금 당장은 느려 보여도 포기하지 않고 가는 중이라면, 당신은 분명 잘되고 있는 중입니다.

생각해 봐요
아직 성공한 건 아니지만, 지금 꾸준히 노력하고 있는 일이 있나요?

용기 6
뒤집어 보지 않은 돌

노벨 물리학상 수상
자 찰스 타운스가 말
했습니다. 닳고 닳은
길에도 언제나 뒤집어
보지 않은 돌이 있다
고. 그 돌을 주목하고
뒤집어 보는 사람에게
새로운 길이 열린다고.

☐ 월 ☐ 일

호기심   가득한   어린
이 의   눈 에 는   뻔 한   길
도   매 번   새 롭 고   궁 금
한   게   한 가 득 입 니 다 .
늘   다 르 게   보 세 요 . 터
무 니 없 어 도   마 음 껏   상
상 하 고   시 도 해   보 세 요 .
그 렇 게   열 리 는   새 로 운
길 의   주 인 은   여 러 분 일
거 예 요 .

생각해 봐요
평범한 것 속에서 특별함을 찾았던
순간이 있었나요?

배움 7  연필이 좋아요

연필로 글씨를 쓰면
사각거리는 느낌이 좋
아요. 자주 깎아야 해
서 좀 번거롭지만, 옛
감성을 전해 주는 그
수고스러운 일이 연필
만의 멋이지요.

생각해 봐요
내가 좋아하는 연필이나 필기구를 하나 소개해 보세요.

길쭉한 연필이 손가락 사이로 쏙 들어온 모양새는 마치 엄마 품을 찾는 아이 같기도 해요. 내가 연필을 잡은 줄 알았는데, 가만 보면 연필이 내 손으로 뛰어들어 와 보란 듯이 멋지게 종이 위에서 춤을 추고 있곤 하지요.

성실 8

뿌린 대로 거둔다

반듯한 내 글씨를
보고 친구가 물었어요.
어떻게 하면 이렇게
잘 써?

나는 말했지요. 한
글자씩 천천히 쓰면
누구나 잘 쓸 수 있
다고. 빨리 끝내려고
대충 쓰면 엉망이 된
다고. 글씨도 정성이라
고요.

생각해 봐요
글씨나 그림, 운동처럼 '연습'이
필요한 일에는 또 무엇이 있을까요?

월   일

정성 없이 잘 되는 건 없어요. 게임도 많이 해야 잘하게 되고, 피아노, 공부, 운동도 마찬가지예요. 정성을 쏟은 만큼 실력이 자라고, 결과도 빛나게 된답니다.

열정

9 꿈꾸는 사람은 아름답다

꿈을 꾸는 사람은
얼굴에 생기가 돌아요.
왜냐하면 꿈과 사랑에
빠졌기 때문이에요. 사
랑은 사람을 어느 때
보다 빛나게 만드니까
요.

생각해 봐요
꿈이 생긴 순간을 기억하나요?
그때의 마음을 이야기해 봐요.

월 일

주말에 아빠 도움 없이 혼자 자전거를 타야지. 오늘 저녁에는 레고를 완성할 거야. 파자마 파티가 있으니 금요일까지는 수학 문제집을 끝내야겠다….

이렇게 작은 목표라도 꿈꾸고, 행동하고, 이루어내 보세요. 하루하루 더 아름다워질 거예요.

자기 이해 10

시인과 어부

우리 마음속에는 호
수를 바라보는 시인과
그물을 든 어부가 함
께 살고 있대요. 우리
는 하루에도 몇 번씩
시인과 어부 중 누구
로 살아갈지를 결정하
게 되지요.

생각해 봐요
오늘 하루, 내가 가장 열심히 그물을 끌어올린 순간은 언제였나요?

오랜 시간을 들여 신중하게 생각해야 할 때는 시인, 온 힘을 다해 열심히 그물을 끌어올려야 할 때는 어부가 되어야 해요.

늘 자신에게 물어보세요. 지금은 생각할 때일까? 아니면 행동할 때일까?

절제 11 — 주객전도

아이폰이 세상에 나온 지 20년도 안 되었는데 벌써 우리는 스마트폰 없이는 하루도 못 살아요. 어디를 가든 스마트폰부터 챙기고, 두고 나오면 불편함을 넘어 불안함을 느끼지요.

이제는 우리가 스마트폰을 쓰는 건지 스마트폰이 우리를 부리는 건지 헷갈릴 정도예요. 스마트폰이 보여 주는 것만 보고, 시키는 대로 따라가니까요. 과연 우리가 스마트폰의 주인이 맞을까요?

생각해 봐요
하루 동안 스마트폰과 '거리 두기'를 한다면 어떻게 시간을 보낼 건가요?

행복 12 - 마음 편한 게 최고

아무리 좋은 음식을 먹어도 옆에 싫어하는 사람이 있으면 아무 맛도 못 느껴요. 멋진 장난감이나 값비싼 옷이 있어도, 친구랑 다투었거나 집 분위기가 꽁꽁 얼어 있으면 하나도 기쁘지 않죠. 할 일이 산더미인데 여행 간다고 신날 리도 없고요.

월 일

그런데 마음이 편하면? 몸이 힘들거나 할 일이 많아도 참을 수 있어요. 진짜 중요한 건 언제나 마음이 편한 거랍니다.

생각해 봐요
나는 어떤 사람과 함께 있을 때 마음이 가장 편안한가요?

자존감 13

나에게 거는 마법 주문

안 될 거야. 망할 거야. 나는 운이 안 좋아. 보나 마나 뻔해. 실패할 거야….

이런 생각들이 머릿속에 구름처럼 몰려오면 마음에 금세 비가 내리기 시작해요. 옆에 이런 친구가 있다면 어떤 말을 해 주는 게 좋을까요?

월 일

잘 될 거야. 넌 할
수 있어. 힘내. 절대
포기하지 마. 꼭 성공
할 거야…. 힘이 되는
따뜻한 말들. 오늘은
나 자신에게도 건네
보세요.

생각해 봐요
누군가의 따뜻한 말로 기분이
바뀌었던 경험이 있나요?

감수성 14 — 오늘이라는 선물

오늘은 어제랑 같은 날일까요? 겉으로는 비슷해 보여도 오늘은 단 한 번도 살아 본 적 없는 완전히 새로운 하루예요.

하루를 시작할 때면 두근거리지요. 누구를 만날지 궁금하고, 무슨 일이 생길까 기대되어요.

오늘은 평생 한 번 만 받아 볼 수 있는 선물 상자예요. 기대를 안고 상자를 열어 보면 작은 기쁨들이 숨어 있을지도 몰라요. 오늘이라는 선물을 놓치지 마세요!

생각해 봐요
가장 기억에 남는 선물 같은 특별한 하루는 언제였나요?

긍정 15

나는 잘할 수 있다

나를 믿지 못하는 사람은 마음속에 자신감이 없어요. 그래서 힘든 상황이 오면 내 탓이 아니라며 변명부터 찾습니다. 그러다 보면 하던 일은 흐지부지되지요.

월 일

하지만 자신을 믿는
사람은 달라요. 할 수
있다는 생각과 다짐만
으로도 팔다리에 힘이
들어갑니다. 두렵고 낯
설어도 스스로를 응원
하면서 조금씩 앞으로
나아가지요. 어떤 일이
든 자신에 대한 믿음
위에서 시작하세요.

생각해 봐요
내 마음속 자신감을 동물로
표현한다면 어떤 동물일까요?

극기 16

비바람과 망치질

비바람을 이겨내지 못한 나무는 크게 자랄 수 없고, 망치질을 견디지 못한 쇠는 단단해질 수 없습니다.

그러니 오늘 유난히 힘든 하루를 보냈다면 스스로를 칭찬하고 격려해 주세요. 어려움을 극복한 만큼 큰 사람이 됐으니까요.

월 일

언제나 웃음 가득한 하루를 보낼 수 있다면 좋겠지만, 때로는 비바람과 망치질도 만나게 될 거예요. 당연한 겁니다. 도망치지 말고 이겨내 봐요.

생각해 봐요
비바람을 맞은 나무가 커지듯, 어려움을 딛고 자란 순간이 있나요?

끈기

17 결국 꽃을 피운다

꽤   쌀 쌀 했 던   늦 가 을
어 느   날 , 친 구 들 과   자
전 거 를   타 다   돌 아 갈 까
고 민 하 던   찰 나   생 각 지
도   못 한   들 꽃 이   눈 에
들 어 왔 습 니 다 .   주 변 은
모 조 리   시 들 었 는 데 도
혼 자 서   꽃 을   피 운   게
안 쓰 럽 기 도   했 지 만   놀
랍 고   대 견 했 어 요 .

□월 □일

아무리 추워도, 아무리 느려도 결국에는 꽃을 피우는 게 자연입니다. 사람도 마찬가지랍니다. 스스로 포기하지 않는다면 끝끝내 바라던 열매를 맺게 될 거예요.

생각해 봐요
추위 속에서 피어난 꽃을 보면 어떤 생각이 들 것 같나요?

도전 18 두려워도 도전하기

용기가 있다는 것은 무섭지 않다는 뜻이 아니에요. 두려워도 해 보는 마음이지요. '할 수 있다'는 다짐이 용기를 만들고, 그 용기는 우리를 행동하게 만들어요.

☐ 월 ☐ 일

오늘은 그런 용기를
꺼내 새로운 일에 한
번 도전해 보면 어떨
까요? 처음 보는 곡
을 골라 연주하고, 더
높이 더 빨리 뛰어
봐요. 풀리지 않는 수
학 문제를 잡고 늘어
지거나 두꺼운 책을
펼쳐 보면 어떨까요?

생각해 봐요
겁이 났지만 무언가를 끝까지 해낸 경험이 있나요?

배움 19 종이에 꾹꾹

글 쓰 기 는   내   안 의
이 야 기 를   꺼 내 는   일 이
에 요 .   감 정 을   글 에   담
으 면   좋 은   감 정 은   더
생 생 해 지 고 ,   나 쁜   감 정
은   옅 어 지 고   흐 려 집 니
다 .

생각해 봐요
내가 요즘 종이에 꾹꾹 눌러 담고
싶은 이야기가 있다면 무엇일까요?

글을 쓰는 데에는 특별한 재능이 필요하지 않아요. 그저 떠오르는 대로 써 내려가면 되지요.

"오늘은 이런 일이 있었고, 나는 어떠한 기분이 들었어." 종이에 꾹꾹 눌러 담으세요. 그 글은 벗이 되어 나를 위로하고 응원해 줄 거예요.

45

성실 20

시간은 모래

시간은 힘 있는 자에게 아부하지 않습니다. 약한 자에게 관대하지도 않지요. 그 사람이 누구든, 시간 앞에서는 모두가 평등합니다.

생각해 봐요
'시간이 모래처럼 사라졌다'고 느낀 순간이 있다면 언제인가요?

월 일

그런데 어떤 이는 시간을 우습게 보고 손가락 사이 모래처럼 술술 흘러버립니다. 그렇게 흘린 시간은 나중에 모래 지옥이 되어 발목을 잡을 수도 있어요. 반면 소중히 쓴 시간은 한 알 한 알 차곡차곡 쌓여 성장을 위한 발판이 된답니다.

열정 21

온도를 유지하려면

뜨거운 코코아를 한 잔 마시다 보면 어느새 미지근해지고 곧 차가워지지요.

뜨거운 열정을 갖고 시작한 일도, 매일매일 설레던 따뜻한 사이도 시간이 지나면 식어 가는 코코아처럼 처음의 온기를 찾기 어렵습니다.

월 일

모든 일은 온도를 잃어갑니다. 자연스러운 일이에요. 저절로 따뜻하게 유지되는 것은 없습니다. 처음과 같기를 바란다면 관심을 기울여야 합니다. 꾸준히!

생각해 봐요
관계의 온기를 유지하기 위해 내가 할 수 있는 일은 무엇일까요?

자기 이해 22
어제보다 더 낫다면

'남의 떡이 커 보인다'는 속담이 있지요. 내 마음이 무르고 약하면 내가 가진 것에 만족할 수 없어요. 끝없이 남의 것을 부러워하며 나와 비교하지요. 질투에 사로잡혀 마음이 괴롭습니다.

생각해 봐요
남과 나를 비교했을 때 속상했던 적이 있다면, 그때 마음을 이야기해 보세요.

절제
23. 필요한 만큼만 알맞게

과학 기술은 인간에게 무한한 발전의 기회를 주어요. 하지만 빛이 강할수록 그림자가 짙듯, 절제하지 못하는 사람에게는 독이 되기도 하지요.

생각해 봐요
무언가를 너무 많이 사용해서 나중에 후회한 적이 있었나요?

인터넷, 게임, 동영상, 가공식품 등은 우리의 기분을 좋게 해 주고 여가 시간을 풍요롭게 만들어 줘요. 하지만 그것들에 빠져들수록 건강한 삶과는 멀어지지요.

무조건 '많이'가 아니라 필요한 만큼만 '알맞게' 쓰는 것이 중요하겠지요?

행복 24 — 기다림은 사랑

우리는 늘 기다립니다. 보고 싶은 친구를, 맛있는 냄새가 나는 밥을, 모험이 가득한 여행을요.

기다리는 일은 지루하고 따분하지만, 기다림이 길어질수록 간절함은 깊어지지요. 그러니 무언가를 기다리는 일은 마치 사랑에 빠진 마음과도 같아요.

☐ 월 ☐ 일

기다림이 길어져서
힘들다면 '나는 지금
사랑하고 있다'고 생
각해 보세요. 기다림이
설레는 마음으로 바뀔
거예요.

생각해 봐요
기다림 끝에 드디어 만났던 경험이 있나요? 그때 기분은 어땠나요?

자존감 25

빛과 그림자

세 상 에 는　좋 은　사 람
도　많 지 만,　어 두 운　곳
에　쪼　그 리 고　앉 아　나
의　실 패 를　바 라 는　그
림 자　같 은　사 람 도　있
어 요.

그 냥　포 기 해 !　말 도
안　되 는　소 리　하 네.
네 가　할　수　있 겠 냐 ?
이 런　말 들 로 요.　하 지 만
이 들 은　어 둠　속 의　그
림 자 에　지 나　않 아 요.

나를 흔드는 말과 눈빛에 무릎 꿇지 마세요. 그림자와 말싸움하지 말고, 항상 마음 속에 반짝 켜진 빛을 따라가세요!

생각해 봐요
누군가의 부정적인 말이나 행동이 나를 흔들었던 경험이 있나요?

감수성 26

평온한 오후

학교 끝난 뒤 폴짝 폴짝 뛰어 집으로 돌아왔어요. 문을 열고 들어오니 엄마가 소파에 기대어 주무시고 계시네요. 햇살이 따뜻하고 포근해서 잠깐 낮잠을 자도 좋겠다 생각했어요.

월 일

엄마가　깰까봐 물
을　꺼내　조용히　탁자
에　놓았어요. 손을　씻
고　냉장고에서　조심스
레　우유를　꺼내　한
컵　따라　마셨어요. 오
늘도　나는　여기저기
놓인　행복을　조용히
주머니에　담았답니다.

생각해 봐요
오늘 하루 동안 작은 행복을 발견한 순간이 있었나요?

살금...
살금...

59

27 공부를 대하는 마음

공부를 하다 보면 힘든 순간이 꼭 찾아와요. 아무리 시간을 들여도 답이 안 보이는 그런 순간이요. 그럴 땐 이렇게 말해 보세요.

"이 문제 꽤 어렵네? 좋아. 잠깐 쉬다 가 다시 붙자. 누가 이기나 해 보자!"

월 일

담담한 마음으로 여유를 가지세요. 풀 수 없는 문제는 없어요. 단지 겁이 나서 문제에 져 버리는 거죠. 그러니 도망치지 말고 딱 한 걸음만 더!

생각해 봐요
공부하면서 답답하고 힘든 순간을 이겨내는 나만의 방법이 있나요?

도전 28 자신감의 크기

공부를 열심히 했다면 시험만큼 즐거운 일도 없어요. 그동안 준비한 걸 멋지게 보여 줄 무대가 생긴 거니까요.

생각해 봐요
시험이나 발표를 위해 어떤 준비를 해야 마음이 든든해질까요?

자신감의 크기는 내가 얼마나 준비되어 있느냐에 따라 달라져요. 멋진 공연도, 운동 경기도, 발표도 다 준비만 잘하면 자신 있게 해낼 수 있어요.

어린이 앞에는 준비할 수 있는 시간이 많이 놓여 있어요. 그러니 꿈을 크게 갖고 과감하게 도전해요!

성실

29 세상에서 가장 소중한 것

세상에서 가장 어리석은 변명은 시간이 없었다는 말이에요. 우리는 중요하지 않은 일에 시간을 낭비한 뒤 시간이 부족했다는 핑계를 대지요.

월 일

모두에게 똑같이 매일 24시간이 주어지지만, 아깝게 흘려보내는 사람이 많습니다. 소중한 시간을 나를 키우는 일, 나를 평온하고 행복하게 만드는 일, 따뜻하게 사랑을 나누는 일에 쓰세요. 흘러간 시간은 돌아오지 않거든요.

생각해 봐요
시간을 낭비한 후 시간이 없었다는 핑계를 댄 적이 있나요?

자기 이해 30 — 내 마음 돌보기

하루 종일 많은 소리가 들려요. 선생님 말씀, 친구들 이야기, 스마트폰 소리까지 정신이 없지요. 그런데 정작 중요한 내 마음 속 소리는 잘 안 들을 때가 많아요.

월 일

기분이 좋을 때는 모든 게 즐겁지만 속상할 때는 아무것도 하기 싫어져요. 하지만 그럴수록 내 감정을 가만히 들여다보세요.

오늘은 살짝 멈춰서 생각해 보기로 해요. '지금, 내 마음은 어떤 소리를 내고 있을까?'

생각해 봐요
마음이 지쳤을 때 나를 위로해 주는 나만의 방법이 있나요?

절제
31

이부자리를 정리해요

아침에 일어나면 제일 먼저 이부자리를 정리해 보세요. 세수도 하고 옷도 입고 밥도 먹어야 하니 바쁘겠지만, 그래도 꼭 해 보세요.

생각해 봐요
아침에 일어나 가장 먼저 이부자리를 정리하면 어떤 기분이 들까요?

월 일

어제 하루는 잠들며 끝난 게 아니에요. 오늘 아침에 일어나 이불을 개며 어제의 나에게 "잘했어!" 하고 작별 인사를 하면서 비로소 끝나지요.

반듯하게 정리된 이불이 주는 뿌듯함. 이것이 오늘 하루를 멋지게 여는 열쇠랍니다.

행복 32 — 나는 행복한 아이

한 해가 끝날 때쯤, 내가 받은 사랑을 가만히 생각해 봐요. 배고플 때마다 차려진 따뜻한 밥상, 깨끗하게 정리되어 나를 기다리던 옷, 푹신한 이불 속 포근함.

생각해 봐요
올해 받은 사랑 중에서 가장 기억에 남는 것은 무엇인가요?

☐월 ☐일

내 이야기를 들어 주시던 부모님의 표정, 나를 반겨 준 친구들의 웃음소리, 오가며 만난 길거리의 나무와 이름 모를 수많은 사물들까지…. 모두 나를 따뜻하게 해 주었어요.

아, 올해도 나는 참 행복했네요!

마음에 담는 가치 사전

자 존 감

스스로를 소중하게 여기고 자기 자신을 믿는 마음

저는 그림 그리기를 좋아해요. 색연필로 색칠하는 시간은 세상에서 제일 신나는 시간이죠. 그런데 지난 미술 시간, 제가 그린 고양이 그림을 보고 수민이가 갑자기 킥킥 웃었어요.

"고양이 눈이 왜 세 개야? 웃기다! 얘들아, 이거 봐!"

순간 얼굴이 빨개졌어요. 그림이 정말 이상한 건가 싶어 걱정이 됐어요. 하지만 당황하지 않고 설명을 했어요.

"얘는 외계 고양이야! 이름은 우주냥이라고 해. 눈이 세 개라서 어두운 밤에도 잘 볼 수 있어."

수민이는 놀란 얼굴을 하더니 "이거 재밌다!" 하고 깔깔 웃었어요.

그날부터 저는 제 그림마다 이름을 붙였어요. '세 발 토끼', '구름을 먹는 사자', '하트 모양 귀를 가진 쥐'처럼요. 친구들도 제 그림을 보며 웃고 따라 그리면서 이야기를 만들어 냈어요.

만약 친구가 웃었다고 해서 주눅이 들어 그림을 고쳤다면 이런 그림들은 세상에 없었겠지요? 자존감은 나 자신을 믿는 마음이에요. 다른 사람의 마음에 들기 위해 눈치를 보며 자꾸만 나를 바꾸다 보면, 진짜 나는 이 세상에서 점점 사라질 거예요. 나를 지키는 것이야말로 가장 소중한 일이랍니다.

각 가치의 정의를 읽고, 이야기 속 친구들이 어떻게 그 가치를 실천했는지 생각해 보세요. 나에게도 비슷한 상황이 있었는지, 그때 나는 어떤 생각을 했고 어떤 선택을 했는지도 함께 돌아보면 좋아요. 누군가의 이야기는 때로 내 마음의 거울이 되어 줘요. 마음속에 가치를 천천히 새겨 담으며 한 줄 한 줄 따라 쓰다 보면 여러분 안의 '진짜 나'가 더 또렷하게 자라날 거예요.

감 수 성

주변에 일어나는 일들을 적극적으로 알아차리는 마음

비 오는 날이었어요. 우산을 쓰고 걷다가 골목길에서 하얀 강아지를 봤어요. 비에 홀딱 젖은 채 덜덜 떨고 있었지요. 저는 우산을 기울여 강아지에게 씌워 주었어요. 그러자 강아지가 저를 바라보며 꼬리를 흔들었지요.

"어디 가니? 같이 가자."

강아지는 조심스럽게 제 옆을 따라 걸었어요. 조그만 발로 질척한 흙탕물을 터벅터벅. 동네를 한 바퀴 돌자, 강아지는 어느 집 대문 앞에서 멈췄어요. 잠시 후 문이 열리고 아주머니 한 분이 나오셨어요.

"또 나갔구나, 우리 장군이!"

아주머니는 저를 보며 말씀하셨어요.

"고마워요, 학생. 데려다 줘서."

저는 아무 말 없이 웃었어요.

그날 이후 저는 작은 것들을 더 잘 보게 되었어요. 길가에 핀 민들레, 나뭇잎 사이로 비치는 햇살, 강아지의 눈빛…. 말 없는 것들도 마음을 전할 수 있다는 걸 알게 됐거든요. 감수성은 그런 걸 알아차리는 마음이에요. 이제부터는 세상의 작은 소리에도 귀를 기울이고, 가려진 것도 보려고 할 거예요.

긍정

상황을 있는 그대로 받아들이고 좋은 면을 찾는 마음

그날은 아침부터 짜증나는 일이 이어졌어요. 일어나자마자 책상 모서리에 부딪히고, 식탁에서는 우유를 엎지르고, 학교에는 숙제까지 안 가져왔죠. 게다가 학교 가는 길에는… 새똥까지 맞았어요! 정말 최악이죠?

그런데 그날 체육 시간에는 줄넘기 대회가 있었어요. 저는 줄넘기를 잘 못해서 걱정했는데, 이상하게 그날따라 몸이 가벼웠어요. 슉~ 슉~ 슉~ 10개, 20개, 30개, 50개… 무려 77개! 제가 2등을 했답니다.

유빈이가 와서 말했어요.

"오늘 너 좀 한다!"

저는 웃으며 대답했어요.

"새똥 맞아서 그런가 봐. 몸이 가벼워!"

집에 와서 엄마에게 그날 있었던 일을 이야기했더니, 엄마가 말씀하셨어요.

"인생이 원래 그래. 나쁜 일과 좋은 일은 한꺼번에 찾아와. 하지만 그중 어느 쪽을 오래 바라볼지는 자기가 결정하는 거야."

그날부터 저는 나쁜 일이 생겨도 이렇게 생각해요.

'좋은 일도 곧 따라오겠지? 얼마나 좋은 일이 생기려고 이러나!'

극 기

하고 싶은 걸 참으며 더 나아지려고 노력하는 마음

최근 한 달 동안 저는 탄산음료를 한 방울도 안 마셨어요. 하루에도 두세 캔씩 마시던 저에게는 정말 큰 도전이었어요. 처음 이틀은 그럭저럭 할 만했어요. 그런데 사흘째 되는 날, 저녁으로 치킨을 먹는데 엄마가 콜라를 꺼내 마시는 거예요. 탄산이 톡톡 터지는 그 소리, 꿀꺽꿀꺽 넘어가는 소리, 그리고 마지막엔…

"끄억~"

엄마의 작은 트림 소리조차 맛있게 들렸어요. 참기가 너무 힘들었지만, 저는 마음속으로 되뇌었어요.

'내가 정한 약속은 꼭 지킬 거야.'

물을 벌컥벌컥 마시고 치킨 무를 오도독오도독 씹으며 딴생각을 했어요.

그렇게 하루하루 참고 또 참아서, 저는 결국 한 달 동안 탄산음료를 한 방울도 마시지 않았습니다. 그리고 약속을 지킨 다음 날 저는 콜라 한 캔을 꺼내 마셨어요. 그 맛은… 그냥 콜라가 아니었어요. '참아낸 기쁨'이 담긴 맛이었죠.

그걸 본 아빠가 말씀하셨어요.

"자신과의 약속을 지킨 사람은 어떤 일도 해낼 수 있어."

저는 이제 자신감이 생겼어요. 다음번엔 더 어려운 도전도 해볼 수 있을 것 같아요. 아, 콜라는요… 이제 가끔 마셔요. 꼭 안 마셔도 괜찮더라고요.

끈기

잘 안 되어도 계속하고, 넘어져도 또 일어나는 마음

저는 블록 쌓기를 좋아해요. 특히 높이 쌓는 게 재미있어요. 어느 날은 블록을 천장에 닿을 만큼 쌓아 보고 싶었어요. 처음에는 잘 쌓였어요. 그런데 꼭대기쯤 가자 블록이 흔들리더니 와르르 무너졌어요.

속상했지만 다시 시작했어요. 두 번째도 무너졌어요.

'그만할까?'

잠깐 고민했지만, 마지막으로 한 번만 더 해 보기로 했어요. 천천히 조심조심. 손끝에 온 신경을 모았어요.

드디어 마지막 블록을 얹는 순간… 성공이다! 하지만 잠시 후, 탑이 휘청하더니 또 무너졌지요. 이번에는 제 마음도 무너졌어요. 몸도 지치고 힘들었습니다.

'어떻게 할까? 여기까지만 할까?'

또다시 고민했지만 이번에도 저는 진짜 마지막으로 한 번만 더 해 보기로 했어요. 어떻게 됐을까요? 결국 세 번을 더 시도한 끝에, 마침내 성공했어요!

"해냈다!"

엄마도 박수를 치며 축하해 주셨어요.

"와! 끈기가 대단하다. 포기할 만한데도 계속했네."

지금도 그 블록 탑을 떠올리면, 포기하지 않고 끝까지 버텨냈던 제 모습이 떠올라서 뿌듯해요. 넘어져도 다시 일어나면 결국 해낼 수 있다는 걸 그날 알게 되었어요.

도 전

새로운 일이 두렵고 어려워도 한 걸음 내딛는 마음

저는 무대 공포증이 있어요. 사람들 앞에 서기만 하면 다리가 후들거리고 목소리가 작아져요.

그런데 뜻하지 않게 피아노 발표회에 나가게 되었어요. 처음에는 무조건 못 하겠다고, 싫다고 말했어요. 그럴 때마다 엄마가 이렇게 말씀하셨어요.

"한 번만 해 보자. 연습처럼만 해도 괜찮아. 잘 못해도 좋아."

그 말에 조금 용기가 나서 매일매일 연습했어요. 눈을 감고도 칠 수 있을 정도로 수십 번을 쳤지요.

발표회 날, 무대 뒤에서 차례를 기다리는데 손바닥이 흥건히 젖을 정도로 땀이 났어요. 이름이 불렸을 때는 '지금 도망가면 아무도 모를 거야' 하고 생각하기도 했어요.

하지만 엄마가 저를 향해 웃으며 손을 흔들어 주셨어요. 그걸 보자 이상하게 마음이 놓이고 용기가 났어요.

피아노 앞에 앉아 건반을 눌렀어요. 처음엔 손이 떨렸는데, 곡이 흐를수록 점점 편안해졌어요. 실수도 있었지만 연주가 끝나자 박수가 쏟아졌지요.

무대에서 내려온 저에게 선생님이 말씀하셨어요.

"와우! 대단한데. 오늘 너무 멋졌어."

저는 이제 알아요. 무섭다고 도전하지 않으면 아무 일도 시작할 수 없다는 것. 그리고 어떤 일도 처음에는 누구에게나 낯설고 어렵다는 것도요. 그래서 요즘은 이렇게 생각해요.

'눈길이 가는 일이 있으면, 일단 한 걸음 내딛어 보자!'

그 한 걸음이 새로운 나를 만나게 해 줄지도 모르니까요.

> **배 움**
>
> **틀리거나 실수해도 점점 더 알아가려는 마음**

　우리 할머니는 김치를 정말 맛있게 담그세요. 어느 날 할머니 집에 갔더니, 시장에서 사 오신 고춧가루, 무, 배추, 젓갈이 집안 가득 쌓여 있었어요.

　"이거 다 뭐예요?"

　"너희 주려고 김치 만드는 중이다."

　저는 할머니 옆에서 김치 담그는 걸 도왔어요. 배추에 소금도 뿌리고, 고춧가루와 마늘을 넣어 양념도 버무렸어요.

　"왜 고춧가루는 두 번에 나눠 넣어요?"

　"그래야 더 깊은 맛이 나지."

　"하얀 죽 같은 건 왜 넣는 거예요?"

　"그래야 부드러운 맛이 나거든."

　"짠내 나는 젓갈은 왜 넣는 거예요?"

　"그래야 익었을 때 시원한 맛이 나거든."

　할머니의 손놀림은 빠르고 정확했어요. 쉬워 보였지만, 제가 만든 김치는 할머니 것과는 빛깔부터 달랐답니다. 어떤 배추에는 양념이 부족했고 어떤 배추에는 너무 많이 발라졌거든요.

　처음엔 몰랐지만 하루 종일 할머니를 따라다니다 보니 알게 되었어요.

　'작은 김치 조각 하나에도 엄청난 정성과 노력이 들어가는구나. 무엇보다도 조상들의 지혜가 담겨 있구나.'

　김치를 만들며 저는 음식뿐만 아니라 많은 걸 배웠어요. 조리법, 과학, 역사, 사랑을 나누는 마음까지요. 배움은 꼭 책에만 있는게 아니었어요. 손으로, 마음으로 배우는 것들도 참 많답니다.

성 실

주어진 일을 꾸준히 정직하게 해내는 마음

저는 아침잠이 많아서 늘 늦게 일어나요. 그런데 어느 토요일 아침, 신기하게도 7시에 눈을 뜬 적이 있었어요. 모두가 잠들어 있는 이른 아침에 집안을 돌아다니다 문득 생각했어요.

'이왕 일어난 김에 뭐라도 좀 해볼까?'

믿기지 않겠지만, 저는 책상에 앉아 받아쓰기 연습을 시작했어요. 겨우 10분밖에 안 했지만 이상하게 기분이 뿌듯했어요.

그날부터 저는 아침 10분, '나만의 시간'을 만들기로 했어요. 하루는 독서, 하루는 글쓰기, 하루는 필사… 이렇게 매일 아침 읽고 쓰면서 하루를 차분하게 시작했어요. 전처럼 늘어지게 자다가 헐레벌떡 씻고 학교로 뛰어가던 모습은 사라졌어요.

한 달이 지나자 글씨도 예뻐졌고 머릿속도 맑아졌어요. 그런 저를 보며 선생님도 말씀하셨어요.

"준수가 요즘 집중력이 좋아졌네? 글씨도 예뻐졌다."

저는 그 말이 또 좋아서 더 열심히 읽고 쓴답니다. 성실하다는 건 거창한 게 아니더라고요. 대단한 게 아니더라도 매일 꾸준히 하는 것. 그 작은 실천들이 쌓여서 결국은 대단해집니다. 시간을 소중히 쓰는 사람에게, 결국 빛나는 순간이 찾아와요.

열정
너무 좋아 시간 가는 줄 모르고 빠져드는 마음

요즘 저는 종이접기에 푹 빠져 있어요. 처음 시작은 장미꽃이었어요. 도서관에서 종이접기 책을 봤는데, 수많은 꽃잎을 입체적으로 표현한 장미꽃을 보고 첫눈에 반했답니다.

'얇은 종이 한 장이 어떻게 이런 꽃이 될 수 있지?'

바로 도전했지만 종이는 구겨지고 손은 아팠어요. 속상했지만 이상하게 포기하고 싶지는 않았습니다.

며칠 동안 계속 접다 보니 드디어 제 손에 장미꽃이 피었어요. 예쁘고 고왔어요. 그 순간 깨달았어요.

'이게 바로 열정인 건가? 너무 좋아서 자꾸만 하게 되는 거.'

요즘도 학교가 끝나면 가장 먼저 색종이를 찾아요. 책상 위든 거실 바닥이든 색종이만 있으면 그 자리가 제 작업장이 돼요. 새로운 도안을 보면 가슴이 두근거리고, 조금 어려운 건 며칠씩 걸려도 꼭 해 보고 싶고요.

친구들에게 종이접기를 알려 주면 "우와, 진짜 신기하다!"라고 말해요. 그럴 때면 제 마음도 종이처럼 살랑살랑 기분 좋게 흔들려요. 작은 설명 하나에도 친구들이 고개를 끄덕이며 따라 해 줄 때, 저는 속으로 살짝 웃어요. 기쁘고 뿌듯해서요.

오늘도 저는 종이에 열정을 고이 담아 접습니다. 종이를 접을 때마다 이렇게 즐거운 일을 하고 있는 제 자신이 더 좋아져요. 아마 내일도, 모레도 저는 계속 종이를 접을 거예요. 열정은 좋아서 멈출 수 없는 마음이니까요.

자기 이해

내가 어떤 사람인지 스스로 들여다보는 마음

저는 축구를 별로 좋아하지 않아요. 달리기도 느리고, 공도 좀 무섭고, 다칠까 봐 걱정도 되거든요. 그런데 친구들이 자꾸 같이 하자고 해요. 처음엔 거절을 못 해서 억지로 나가곤 했습니다. 공에 맞고 울었던 적도 있어요.

그러다 어느 날 용기를 내서 말했어요.

"난 그냥 그림이나 그릴게. 축구는 나랑 좀 안 맞는 거 같아."

친구들은 실망한 듯 말했어요.

"그래라, 그럼."

저도 속상했어요. 친구들과 어울리지 못하는 것 같아서요. 또 저를 안 좋게 볼까 봐 걱정도 됐죠. 하지만 그림을 그리다 보니 마음이 편해졌어요.

시간이 좀 지나자 친구들도 이제는 제가 그림 그리기를 좋아한다는 걸 알게 됐어요. 이제는 억지로 축구하러 가자고 부담을 주지도 않아요. 대신 축구하는 자기 모습을 그림으로 그려 달라고 부탁하기도 해요. 경기가 끝나고 같이 놀 때도 있고요. 또 수업 시간엔 그림 그리는 법을 물어보기도 하죠.

저는 깨달았어요.

'내가 뭘 좋아하고, 뭘 싫어하는지 아는 건 멋진 일이구나.'

다른 사람처럼 보이려고 애쓰지 않아도 괜찮아요. 자기가 좋아하는 걸 할 때, 우리는 가장 편안하고 행복합니다.

절 제

더 나은 내가 되기 위해 하고 싶은 걸 참는 마음

학교가 끝나고 집에 오면 제일 먼저 하고 싶은 건 스마트폰 게임이에요. 친구들과 약속도 했고, 오늘은 꼭 2단계까지 깨기로 했거든요. 책가방을 던져 놓고 의자에 앉으려는 순간, 엄마 목소리가 들렸어요.

"숙제 먼저 하고 놀자."

그 순간 마음속에서 속삭임이 들렸어요.

'조금만 하고 숙제하면 안 될까? 어차피 숙제 금방 끝날 텐데…'

하지만 저는 깊게 숨을 들이쉬고 자리에서 일어났어요.

'그래. 지금 놀고 싶지만, 숙제를 먼저 끝내면 더 마음 편하잖아.'

책상 앞에 앉아 문제집을 펼쳤어요. 쉬운 문제도 있었고, 생각보다 오래 걸리는 문제도 있었어요. 몇 번이나 게임 생각이 머릿속을 스쳤지만 저는 꾹 참았어요.

그리고 드디어 마지막 문제까지 다 풀었을 때, 제 마음속엔 아주 작지만 뿌듯한 불꽃이 반짝였어요. 그제야 게임을 시작하니 이상하게 화면도 더 반짝이고 게임도 더 신났어요.

절제는 그냥 참고 견디는 게 아니었어요. 하고 싶은 걸 잠깐 미루고 해야 할 일을 먼저 해내는 것, 그건 더 멋진 나를 위해 스스로 선택하는 거예요. 여러분도 한번 해보세요. 지금 잠깐 참는 선택이 나중에 더 큰 기쁨으로 돌아올 걸요?

행 복

지금 이 순간의 나를 기쁘게 받아들이는 마음

며칠 전 아침, 눈을 떴을 때 햇살이 방 안에 살짝 들어와 있었어요. 따뜻하고 포근한 느낌이 좋아 눈을 감은 채 가만히 있었답니다. 특별한 일은 없었지만 왠지 좋은 하루가 될 것 같았어요.

식탁에 앉으니 엄마가 말했어요.

"오늘은 네가 좋아하는 반찬만 했어."

계란말이와 소시지볶음. 젓가락을 들면서 생각했어요.

'행복이 별 거야? 바로 이거지.'

학교 가는 길에 바람이 살짝 불었어요. 수정이랑 걷다가 함께 들은 자동차 경적 소리가 방귀 소리 같았어요. 그게 너무 웃겨 둘이서 깔깔 웃었죠. 그 순간에도 저는 느꼈어요.

'이것도 행복이네.'

쉬는 시간엔 친구들과 수다를 떨었고, 체육 시간엔 공을 잘 차서 친구들이 박수를 쳐 줬어요. 그것도 분명 행복이었어요.

집에 가는 길엔 비가 살짝 내렸어요. 우산은 없었지만 걷고 싶었어요. 비 냄새가 좋았고, 머리에 떨어지는 빗방울이 신기했어요. 그 순간도 저는 행복했어요.

그날 밤, 일기를 쓰면서 알게 되었어요. 행복은 꼭 특별한 일이 없어도, 지금 이 순간, 오늘 하루를 좋아할 때 찾아오는 거라는 걸요. 그래서 저는 오늘도 조용히 말합니다.

"행복아, 고마워. 오늘도 내 옆에 있어 줘서."

초판 1쇄 인쇄 2025년 7월 22일
초판 1쇄 발행 2025년 8월 8일

지은이 권귀헌

대표 장선희 **총괄** 이영철
기획위원 김혜선 **책임편집** 강교리 **기획편집** 조연곤, 최지수
디자인 양혜민, 이승은 **외주디자인** 부가트 디자인
마케팅 김성현, 유효주, 이은진 **경영지원** 전선애

펴낸곳 서사원주니어 **출판등록** 제2023-000199호
주소 서울시 마포구 성암로 330 DMC첨단산업센터 713호
전화 02-898-8778 **팩스** 02-6008-1673 **이메일** cr@seosawon.com

 홈페이지   인스타그램

ⓒ 권귀헌, 2025

ISBN 979-11-6822-457-5   64700

- 이 책은 저작권법에 따라 보호를 받는 저작물이므로 무단 전재와 무단 복제를 금지합니다.
- 이 책 내용의 전부 또는 일부를 이용하려면 반드시 저작권자와 서사원 주식회사의 서면 동의를 받아야 합니다.
- 잘못된 책은 구입하신 서점에서 바꿔 드립니다.   • 책값은 뒤표지에 있습니다.

 서사원은 독자 여러분의 책에 관한 아이디어와 원고 투고를 설레는 마음으로 기다리고 있습니다.
책으로 엮기를 원하는 아이디어가 있는 분은 서사원 홈페이지의 '출간 문의'로 원고와 출간 기획서를 보내주세요.
고민을 멈추고 실행해보세요. 꿈이 이루어집니다.